MEDITAÇÃO

Guia Final Para Viver Livre De Estresse E
Encontrar A Paz Interior

(Alcance A Paz E A Felicidade)

Donat Nowicki

Traduzido por Daniel Heath

Donat Nowicki

*Meditação: Guia Final Para Viver Livre De Estresse E
Encontrar A Paz Interior (Alcance A Paz E A Felicidade)*

ISBN 978-1-989837-56-6

Termos e Condições

De modo nenhum é permitido reproduzir, duplicar ou até mesmo transmitir qualquer parte deste documento em meios eletrônicos ou impressos. A gravação desta publicação é estritamente proibida e qualquer armazenamento deste documento não é permitido, a menos que haja permissão por escrito do editor. Todos os direitos são reservados.

As informações fornecidas neste documento são declaradas verdadeiras e consistentes, na medida em que qualquer responsabilidade, em termos de desatenção ou de outra forma, por qualquer uso ou abuso de quaisquer políticas, processos ou instruções contidas, é de responsabilidade exclusiva e pessoal do leitor destinatário. Sob nenhuma circunstância qualquer, responsabilidade legal ou culpa será imposta ao editor por qualquer reparação, dano ou perda monetária devida às informações aqui contidas, direta ou indiretamente. Os respectivos autores são proprietários de todos os direitos autorais não detidos pelo editor.

Aviso Legal:

Este livro é protegido por direitos autorais. Ele é designado exclusivamente para uso pessoal. Você não pode alterar, distribuir, vender, usar, citar ou parafrasear qualquer parte ou o conteúdo deste ebook sem o consentimento do autor ou proprietário dos direitos autorais. Ações legais poderão ser tomadas caso isso seja violado.

Termos de Responsabilidade:

Observe também que as informações contidas neste documento são apenas para fins educacionais e de entretenimento. Todo esforço foi feito para fornecer informações completas precisas, atualizadas e confiáveis. Nenhuma garantia de qualquer tipo é expressa ou mesmo implícita. Os leitores reconhecem que o autor não está envolvido na prestação de aconselhamento jurídico, financeiro, médico ou profissional.

Ao ler este documento, o leitor concorda que sob nenhuma circunstância somos responsáveis por quaisquer perdas, diretas ou indiretas, que venham a ocorrer como resultado do uso de informações contidas neste documento, incluindo, mas não limitado a, erros, omissões, ou imprecisões.

Índice

Parte 1 1

O Que A Meditação É Realmente 2

POR QUE FAZÊ-LO? 3
FELICIDADE EM RELAÇÃO À MEDITAÇÃO: 7
MEDITAÇÃO EM RELAÇÃO AO CHAKRA: 7

Como A Meditação Ajuda A Depressão 9

DESENVOLVE O HIPOCAMPO 10
DESENVOLVE O SEU CÓRTEX PRÉ-FRONTAL: 11
AUMENTA SEUS NÍVEIS DE SEROTONINA: 12
UMA SENSAÇÃO DE BEM-ESTAR 12

Como A Meditação Melhora A Função Cerebral 13

CONTROLE A LONGO PRAZO: 14
CONSTRUA CONEXÕES MAIS FORTES: 15
AUMENTA A DENSIDADE CEREBRAL 15
PROCESSAMENTO MAIS RÁPIDO: 16
MELHORANDO A CRIATIVIDADE E O FOCO: 17
MELHORANDO SUAS REAÇÕES: 17
DIMINUI A ATIVIDADE CEREBRAL: 18
VOCÊ NÃO SE PREOCUPA TANTO ASSIM: 19

Preparando-Se 20

PREPARANDO-SE PARA MEDITAR: 21

O Processo De Meditação 26

ETAPA 1: ESCOLHA UM MANTRA 26
ETAPA 2: TOME POSIÇÃO 27
PASSO 3: COMECE SUA RESPIRAÇÃO 28
ETAPA 4: COM SEUS OBJETIVOS 29
PASSO 5: COMECE A LIMPAR SUA MENTE 30
ETAPA 6: COMECE A ALONGAR 31

Alguns Tipos De Meditação 31

MEDITAÇÃO PARA O TRABALHO: 32
MEDITAÇÃO DE ATENÇÃO PLENA 35
MEDITAÇÃO DA COMPAIXÃO: 37

Alguns Exercícios De Meditação 39

UM EXERCÍCIO PARA CONHECER A SI MESMO: 40
AMPLIE SUA CONSCIÊNCIA E SEUS SENTIDOS: 42
TÉCNICAS DE MEDITAÇÃO AO AR LIVRE: 44
MEDITAÇÃO E VISUALIZAÇÃO: 44
ESCOLHENDO O QUE É MELHOR: 46

Dicas E Truques Para Ajudar 47

DICA # 1 EXPERIMENTE LOCAIS DIFERENTES 47
DICA # 2 TENTE DIFERENTES POSIÇÕES 48
DICA # 3 NÃO COMPLICAR DEMAIS 49
DICA # 4 MOVER-SE 49
DICA # 5 NÃO TENHA MEDO DE EXPERIMENTAR 50
DICA # 6 SEMPRE PRATIQUE 50
DICA # 7 MONITORAR CONCENTRAÇÃO 51
DICA # 8 ESQUEÇA SUAS MÃOS 51
DICA # 9 FIQUE ACORDADO 52
DICA # 10 NÃO DEPOIS DE COMER 53
DICA # 11 SORRIA UM POUCO MAIS 53
DICA # 12 NÃO SE REPREENDA 54
DICA # 13 MANTENHA CONTAGEM 54
DICA # 14 USE UM TEMPORIZADOR 55
DICA # 15 NÃO FORCE O TEMPO 55
DICA # 16 ESPAÇO DEDICADO 56

Alguns "Nãos" Para Meditação 56

NÃO #1 SER IMPACIENTE 56
NÃO # 2 TER RESPIRAÇÃO IRREGULAR 57
NÃO # 3 PENSAR DEMAIS 58
NÃO # 4 MENTIR PARA SI MESMO 58
NÃO FAÇA # 5 FORÇÁ-LO 59

NÃO # 6 NÃO SE QUESTIONE 60
NÃO # 7 MEDITAR QUANDO ESTÁ ZANGADO 60
NÃO # 8 ESPREMER NA AGENDA 61
NÃO # 9 BASEAR-SE APENAS EM GUIAS 62
NÃO # 10 SOBRECARREGAR SEUS SENTIDOS 62

Parte 2 64

Introdução 65

Capítulo 1 – O Que É Meditação? 68

MEDITAÇÃO DO SOM PRIMORDIAL... 69
MEDITAÇÃO DE CONSCIÊNCIA PLENA 70
MEDITAÇÃO ZEN 71
MEDITAÇÃO TRANSCENDENTAL.. 71

Capítulo 2 – Aprendendo A Pensar Em Nada E Relaxar 74

TENTENDO PENSAR EM NADA 75
EXERCÍCIO DE RELAXAMENTO 77

Capítulo 3 –Meditação De Consciência Plena A Sós........... 80

Capítulo 4 – Meditando Com Exercícios De Respiração..... 86

Capítulo 5 – Coisas Que Ajudam A Meditação 92

Conclusão 95

Parte 1

O que a meditação é realmente

Todo mundo já ouviu falar sobre meditação, mas muito poucas pessoas realmente sabem o que a mediação realmente é. A maioria das pessoas pensam que é apenas pensare respirar profundamente, mas há muito mais do que isso.É um processo complexo que tem muitos benefícios quando feito corretamente. A meditação aumentou em popularidade e há muitos equívocos que cercam a meditação.

O primeiro deles é que você tem que sentar-se em silêncio e limpar sua mente ao meditar.Isso está errado porque você não precisa. Isso só ajuda a fazê-lo, mas você tem outras opções disponíveis para você. Outro equívoco é que você só pensa em uma coisa quando meditaou não consegue pensar em nada apenas em paz.A mediação é muito mais complexa do que essas respostas simples, e para fazê-la corretamente, você precisa ser capaz de compreendê-la.

Em essência, a meditação é onde você está conscientemente consciente. Este é um processo difícil. Você precisa ser capaz de estar ciente do que você está e não está experienciando.É uma atividade em concentração e atenção plena. Trata-se de viver no momento e há muitas maneiras diferentes de alcançar esse nível de mediação.Háapenas um objetivo com a mediação, e isso é encontrar uma paz pessoal.Está tentando ficar calmo e silencioso enquanto ainda está acordado e alerta. Isso terá muitos benefícios quando for alcançado com sucesso.

Por que fazê-lo?
Você pode estar se perguntando por que deveria praticar a meditação, ehá muitas respostas para essa pergunta também.Tudo o que você precisa fazer é observar os benefícios que a mediação tem a oferecer a você. A meditação ajudará a centralizar você. Muitas pessoas passarão pela vida incapazes de encontrar a sua paz interior ou de se entenderem. Porexemplo, você pode ficar com raiva de algo e ser incapaz de entender do que está

com raiva, mas quando você medita, você será capaz de aprender a descobrir o que seu subconsciente está tentando lhe dizer.Você encontrará alguns dos benefícios abaixo.

Estresse: Amaior razão pela qual as pessoas praticam a meditação é porque é uma maneira eficaz de reduzir o estresse.Existem inúmeras maneiras de reduzir o estresse por aí, mas esta é uma maneira eficaz e fácil que tem outros benefícios também. Já existem muitos estudosdizendo que a meditação é a maneira mais eficaz de superar o estresse, a ansiedade e até evitar a depressão.Se você é mais propenso ao estresse, a mediação é ainda mais vital para você.

Foco: A mediação também é conhecida por ajudar a aumentar seu foco,e isso o ajudará a aprender a estar consciente e a enfatizar seus pensamentos.O foco irá ajudá-lo nas suas atividades diárias, mas também é conhecido por melhorar as suas chances de receber uma promoção no trabalho devido à melhoria da produtividade, ajuda você a realizar mais facilmente as tarefas diárias e até mesmo ajudar nos trabalhos escolares.O foco pode ser usado em qualquer parte da sua vida para ajudá-lo a superar algo ou realizar algo. Quando você não tem foco, você não tem a capacidade de realizar seus sonhos. É por isso que é extremamente importante ser capaz de desviar sua atenção ou se afastar de algo.

Saúde: Melhorar sua saúde também é um grande motivo para praticar meditação.A meditação ajudará a diminuir o ritmo cardíaco, o que, por sua vez, ajudará a diminuir a pressão arterial,diminuir a ansiedade e permitir um relaxamento mais profundo.Também diminuirá sua taxa respiratória eosníveis de cortisol .Os níveis de saúde são extremamente importantes, e a mediação e prescrição excessivas farão muito. Às vezes você realmente precisa de remédios holísticos, e a meditação é uma das mais fáceis de usar.

Relaxamento: poucas pessoas podem encontrar relaxamento em suas vidas e, depois de um tempo, a frustração após frustração apenas aumentará.Você pode nem saber a tensão que você está mantendo emseu corpo.Você pode tentar fugir dessa tensão fazendo massagens, ir ao ginásio ou qualquer outra coisa, mas não está cuidando da raiz do problema.

Quando você decide meditar, está aprendendo a cuidar da raiz do problema, ajudando-o a aliviar sua tensão de maneira saudável e natural.Isso também ajudará você a ficar relaxado durante o dia. Todos esses problemas vão deixar seus músculos tensos e doloridos. Isso também contribuirá para maus hábitos, comoranger os dentes e roer as unhas.

Pode até evitar que você tenha bons sonhos, mas a mediação também pode ajudar nesse problema. É recomendável que você medite antes de dormir por esse motivo. Ajudará você a aliviar a tensão para que seus sonhos o ajudem em vez de machucá-lo. Elavai ajudá-lo a dormir melhor, porque seus músculos não estão em nós também.

Felicidade em Relação à Meditação:
Há um fator de felicidade com a mediação, pois ajudará a aumentar sua qualidade de vida. Quando estiver mais feliz, você poderá ver ascoisas com um pouco mais de clareza e pelo que elas são.Isso ajudará a esclarecer os benefícios para a saúde e ajudará até mesmo a proporcionar-lhe uma sensação de calma, mesmo quando estiver passando por emoções negativas. Você será capaz de interagir com os outros um pouco mais facilmente. Vocêexperimentará uma sensação de despertar que o ajudará a descobrir do que você é capaz.A meditação irá ajudá-lo a viver plena e sabiamente. Você aprenderá a viver e a experimentar o momento. A maioria das pessoas está presa no passado ou pensando no que podeacontecer no futuro.

Meditação em relação ao Chakra:
Os chakras são um centro de energia espiritual que reside em seu corpo e, quando seus chakras estão equilibrados,você se sentirá equilibrado como um todo.Pode ajudar seu estado

emocional, funcionamento de órgãos eaté mesmo seu sistema imunológico.O que a maioria das pessoas não sabe é que os chakras podem ficar bloqueados e, mesmo que o seu corpo continue a funcionar, será desequilibrado. Isso pode causar transtornos mentais e emocionais. Também pode te deixar doente. Ameditação ajuda você a desbloquear seus chakras para que você esteja em paz consigo mesmo mais uma vez.

Existem sete chakras principais que você precisa conhecer e ser responsável. Os chakras não são tão complicados quanto parecem, mas você descobrirá que a meditação podeajudar a abri-los também.Isso lhe dará mais energia natural. Seus chakras correm verticalmente pelo seu corpo. Os chakras se abrirão e fecharão dependendo de como o seu corpo responde às suas emoções.

Quando você está experimentando uma emoção negativa, seus chakraspodem ficar obstruídos ou até mesmo bloqueados, o que impedirá que sua energia natural se equilibre.Meditação irá restaurar esse equilíbrio, restaurando o equilíbrio para o seu estado mental e emocional. Ao abrir o chakra, seu corpo se equilibrará naturalmentetambém.A energia natural do seu corpo também é conhecida por sua aura, e cada chakra é representado por uma cor.

Como a meditação ajuda a depressão
Muitas pessoas ouviram que a meditação ajudará a depressão, mas a maioria das pessoas não consegue entender como a meditaçãoajuda.Este capítulo é dedicado a ajudá-lo a entender como a meditação o ajudará a combater a depressão, o estresse e a ansiedade. Não importa se é ansiedade leve ou até transtornos de ansiedade que são mais difíceis de controlar. Mais e mais pessoas estãosofrendo de depressão devido às experiências diárias, porque as pessoas não estão se forçando a entender por que sentem algo, enfrentam seus sentimentos ou crescem como pessoa.

Algumas pessoas têm razões legítimas para se sentirem deprimidas devido à sua situação, mas, não importa o que aconteça, se você se sentir deprimido, então é algo que você precisa tomar em suas próprias mãos para consertar.Mesmo se você já estiver tomando antidepressivos, indo ao aconselhamento, ou usando outro método para ajudá-lo com sua depressão, a meditação podeser adicionada a qualquer rotina para ajudá-lo a obter os resultados desejados.

Desenvolve o hipocampo
O hipocampo é o centro das emoções, memória e sistema nervoso. Aqueles que praticam a meditação são conhecidos por terem um hipocampo mais forte do que aqueles que sofremde depressão, que muitas vezes lidam com um mais fraco.Esta não é uma mudança que acontecerá do dia para a noite ou mesmo na primeira semana em que você estiver praticando a meditação, mas fortalecerá seu hipocampo com o tempo.

Isso ajudará você a ser uma pessoa mais saudávele feliz.Você provavelmente não perceberá essas mudanças a princípio porque é uma mudança gradual em suas emoções. Uma memória fortalecida ajudará você a colocar os eventos em perspectiva muito mais fácil também, o que ajudará a garantir que você não reaja excessivamentea eventos ou ocorrências, o que pode acontecer com aqueles que sofrem de depressão.

Desenvolve o seu córtex pré-frontal:
O córtex pré-frontal esquerdo, que é a parte do seu cérebro que controla a felicidade, mostrou-se altamente desenvolvido empraticantes de meditação, bem como muito subdesenvolvido naqueles diagnosticados com depressão.Sua capacidade de encontrar a felicidade será determinada pela sua capacidade de processar informações e colocá-las em perspectiva adequada. Isso requer um nível de foco econsciência mentalque a meditação pode lhe dar.A felicidade é extremamente difícil de encontrar quando você está deprimido. Mesmo que eventos positivos estejam acontecendo com você. Um córtex pré-

frontal desenvolvido ajudará você a ver os eventos e interações mais felizes da vida.

Aumenta seus níveis de serotonina:
Descobriu-se que a meditação aumenta os níveis de serotonina e norepinefrina, os mesmos produtos químicos criados pelos antidepressivos.Isso não significa que, se você estiver em antidepressivos, deve sair deles. No entanto, horas extraspodem não ser necessárias.Converse com seu médico a medida que você se torna mais saudável para decidir se você deve diminuir a dosagem ou cortá-lo completamente. Aumentar seus níveis de serotonina naturalmente é incrivelmente saudável e não tem consequências negativas. Se você perceber que a meditaçãoestá fazendo você extremamente feliz, então você vai querer adicioná-lo com mais frequência.Mesmo que você não esteja percebendo a diferença, há uma que se acumulará com o tempo e você deve ficar com ela.

Uma sensação de bem-estar
Muitas pessoas diagnosticadas com depressão dizem quevem com a sensação

de que algo está faltando, enquanto os praticantes da meditação tendem a sentir que suas vidas são mais completas.Este é um sentimento geral de bem-estar que ajudará você a se sentir mais realizado. Isso ajudará você a lidar com o tédio das tarefas diáriassem sentir que elas são inúteis, o que é uma característica comum para pessoas que estão deprimidas.

A meditação recria as ondas cerebrais que são usadas para tratar pacientes com depressão. A paz interior é uma das principais razões pelas quais as pessoas praticam a meditação,e você também pode encontrar uma paz espiritual na meditação se optar por fazê-lo por um significado espiritual.Tudo depende do que você está procurando. Basta entrar em uma sessão de meditação com a intenção mantida claramente em sua mente.

Como a meditação melhora a função cerebral

A meditação realmente ajudará a melhorar sua função cerebral geral, pois ajuda a expandir seu cérebro. Seu cérebro pode não ser um músculo, mas ainda pode ser construído por um para que você crie maisvias neurais que fortaleçam sua capacidade defuncionar e recordar.Isso pode ajudá-lo a lidar com situações estressantes com muito mais facilidade. Você será capaz de resolver uma situação à medida que eles surgirem com mais poder mental sobre como descobrir uma solução. Isso ajudará você a superar os momentos difíceis da vidasem muito trabalho.

Controle a longo prazo:

A meditação ajuda você a obter umcontrole melhor e mais duradouro de suas emoções, sendo capaz de aprender a reconhecê-las.A maioria das pessoas não consegue reconhecer o que sente pelo que é. Portanto, elas são incapazes de expressar suas emoções.O controle a curto prazo pode ser fácil de obter, mas o controle a longo prazo é mais difícil, pois exige que você aprenda hábitos diferentes sobre como lidar e resolver o estresse e a ansiedade.Isso é algo que a meditação irá ajudá-lo a realizar .

Construa conexões mais fortes:
A meditação ajudará você a se conectar emocionalmente com as pessoas de maneira mais forte, com um senso de compaixão mais forte. A meditação compassiva não é a única forma de meditação que o ajudará a fazer isso, sobre a qual você aprenderámais adiante neste livro, mas também a meditação da atenção plena.Você aprenderá que pode reunir diferentes formas de meditação para obter os resultados desejados também. Ajudará a ter certeza de que você é capaz de dizer quando seu corpo está tentando lhedizer algo tão bem quanto se você está perturbando alguém.Isso ajuda você a ser empático.

Aumenta a densidade cerebral
A meditação é, na verdade, conhecida por aumentar a densidade do cérebro, dando um alcance emocional mais amplo e profundo, além de melhorar a memória. A maioria das pessoastem um nível emocional atrofiado porque não tem

como se ajudar a se desenvolver.Este não é o caso se você praticar meditação. Mais uma vez, esse é um benefício de longo prazo que você alcançará com a meditação. Não é algo que você terádo dia para a noite, mas ele se desenvolverá e ficará com você pelo resto de sua vida.Lembre-se de que seu cérebro é um aglomerado de nervos, e aumentar sua densidade cerebral vai ajudá-lo no geral.

Processamento mais rápido:
A meditação ajuda a ensinar seu cérebro aprocessar informações mais rapidamente, permitindo que você pense mais rápido no geral.Isso permitirá que você se adapte mais rapidamente a qualquer situação em que for colocado. Se puder se adaptar a uma situação, é mais provável que você lide com o que quer que a vida leve a você sem tanta ansiedadeou estresse.Isto é extremamente importante se você já tem um alto nível de estresse ou um transtorno de ansiedade. Isso ajudará você

a sair da sua zona de conforto sem se sentir sobrecarregado.

Melhorando a criatividade e o foco:
O aumento da função cerebral a partir da meditaçãomelhora a criatividade e o foco, e até o ajuda a executar várias tarefas um pouco melhor.Isso ajudará você a usar seu tempo um pouco mais sabiamente, ajudando você a realizar mais e se sentir melhor consigo mesmo. Ele permite que você seja uma pessoa mais equilibrada, o que é difícil quando você sofre de ansiedade ou depressão.Quando você for mais criativo, terá mais saídas disponíveis para você, o que ajudará você a lidar com a depressão de outras formas produtivas. Tente escolher passatempos ou começar a se concentrar em saídas mais criativas para ajudá-lo a preencher seu tempo ocioso também.Empurre fora da sua zona de conforto sempre que puder para combater a depressão.

Melhorando suas reações:
Meditaçõesnos ajudam a aprender a reagir melhor a situações que normalmente nos derrubariam.Com meditação, você é mais

capaz de colocar tudo em perspectiva, porque você aprende mais sobre si mesmo e sobre como as outras pessoas vão interagir com você com base em como elas se sentem em relação a você e ao que está acontecendo em sua vida.A meditação compassivalhe ensinará como ver as reações dos outros a você como um reflexo de sua paz interior e não desua interação com eles.meditação irá ajudá-lo a reagir às situações de uma forma mais positiva também. Mesmo que seja uma situação negativa, porque você vaiaprender como colocar tudo em perspectiva e raciocinar uma solução ou uma maneira de lidar com o problema, porque você está mais sintonizado com seus pensamentos.

Diminui a atividade cerebral:

Meditações reduzem a atividade do cérebro que controla nossa ansiedade, estresse e medo. Às vezes você precisa de uma ruptura mental, e isso é literalmente o que a meditação está lhe dando. Com um cérebro hiperativo, você está se preocupando com mais do que precisa fisicamente ou mentalmente. Isso pode causar estragos em seu estado emocional, o que o levará a seguiro caminho da depressão.Se você sofre de depressão, a meditação diminuirá sua atividade cerebral e, portanto, ajudará você a controlar suas emoções. Tirar uma folga do seu dia a dia, não importa o quão estressado ou relaxado você esteja, é sempreum bom hábito para se ter.É por isso que a meditação é recomendada pelo menos uma vez por dia.

Você não se preocupa tanto assim:
A atenção plena que é trazida da meditação ajuda as pessoas a serem mais conscientes do seu presente e menos presas ao seu passado. Se você estádeprimido, é provável que algo em seu passado esteja deixando você deprimido.Quando você é capaz de se concentrar em viver no momento, então é muito menos provável que você tenha tempo para pensar muito sobre o passado e como você se sentiu mal. Também te impede depensar muito no futuro e nos problemas que você possa ter.O passado

só se repetirá se você permitir, mas quando você se concentrar em como está se sentindo, será capaz de experimentar melhor tudo o que está fazendo e tomar as decisões certas.

Preparando-se

Começar com a mediação é a parte mais assustadora, mas ficará mais fácil conforme você avança. Com a meditação, a prática realmente leva a perfeição. Apenas tenha em mente que a meditação não tem nada a ver com religião ou espiritualidade. Pode, mas não é necessário.Tudo o que você precisa fazer é estar presente em você mesmo. Você aprenderá a treinar sua mente para trazer pensamentos para a frente e aumentar sua consciência. Você será capaz de examinar o seu lugar neste mundo, assim comoquemvocê é.Isso podeajudá-lo a fazer mudanças no estilo de vida se achar necessário, tornando mais fácil ser quem você quer ser.

Preparando-se para meditar:
A preparação pode ser a parte mais difícil. Estas etapas simples de preparação permitirão que você inicie o processo de mediação emminutos.Não há motivo para enfatizar se tudo é perfeito. Basta seguir a lista, mas lembre-se que nada será perfeito. Você não deve esperar pela perfeição para começar a meditação. Apenas pegue tudo o melhor que puder antes de começar.

Primeiro passo: crie um objetivo.A primeira coisa que você precisa fazer é descobrir o seu objetivo que você está tentando alcançar através da mediação, bem como o quanto você quer meditar. É melhor que você medite pelo menos uma vez por dia, mas precisará definir um tempo específico eplanejar a meditação.

Isso fará com que você não tenha uma desculpa para não. Se você precisar pular, reprograme-o para mais tarde naquele dia. Não pule um dia porque você precisa criar um hábito que você seguirá. Encontre um bom motivo para meditar. Se você não tem nada em mente, então seu objetivo deve ser livrar-se do seu estresse e ansiedade, permitindo-se ficar mais relaxado e em paz.

Segundo Passo: Encontre um lugar para meditar.Você pode se sentir mais confortável saindo de casa ou ficando em casa.Quando você está apenas começando a meditar, é recomendável que você tente ficar dentro de casa o máximo possível, porque tem menos distrações que o deixarão frustrado quando você estiver tentando aprender uma nova habilidade. A meditação é uma habilidade querequer prática.

Você vai querer ter um local limpo e confortável. Não há razão para meditar no chão duro se você achar que é desconfortável. Não há nem mesmo uma razão para se sentar em uma determinada posição se você não se sentir confortável. Se vocêpassar por algum nível de desconforto, é mais provável que não consiga se concentrar, e a concentração é a chave.

A meditação é impossível sem ela. Você também quer que o local escolhido seja tranquilo. Distrações vão quebrar seufoco, e se você estiver fazendo isso em uma casa, você vai querer ter certeza de que ninguém te incomoda.Voltar ao estado meditativo, uma vez quebrado, é bastante difícil, especialmente para um iniciante.

Terceiro Passo: Escolha sua roupa com cuidado.Isso não significa quevocê precisa de uma roupa perfeita.Quando você está meditando pela primeira vez, você vai querer ter roupas confortáveis pelo mesmo motivo que você quer um espaço limpo e silencioso. Sem distrações. Não tenha aquela saia que parece um pouco grande demaisno meio.Não tenha joias que pareçam pesadas ou distraem. Mude para roupa de treino se for necessário.

À medida que melhorar, você poderá desativar essas distrações um pouco mais facilmente e, em seguida, poderá usar o que quiser. Jóiasgeralmente tilintam.Você vai se concentrar no desconforto se estiver tentando escolher algo da moda, e até seus sapatos farão a diferença. Os sapatos podem distraí-lo e muitos iniciantes tiram os sapatos quando estão aprendendo ameditar pela primeira vez.

Passo Quatro: Escolha o momento adequado para começar a meditar.Não há melhor momento para a meditação, pois você pode realmente meditar em qualquer lugar, a qualquer hora, mas quando você está começando, algumas vezes são melhores que outras. Meditarlogo antes de dormir e logo após acordar é sempre recomendado.Isso vai ajudá-lo a limpar seus pensamentos e terminar ou começar o dia. Também é muito menos provável que você seja interrompido. No entanto, se isso não funcionar para a sua agenda, você precisará, emvez disso, liberar um horário na sua agenda para meditar.

O mais importante é que você não seja incomodado, não importa quando decida fazê-lo. A tentativa e o erro lhe dirão o que realmente funcionará melhor, mas o planejamento antecipado é recomendado. Se você temum cronograma errático, basta fazer o seu objetivo de encontrar tempo para meditar sempre que puder.Uma vez a cada vinte e quatro horas é geralmente melhor, mas se for necessário, pode ser uma vez a cada dois dias. Tente aumentar a frequência de sua meditação com o passar do tempo,especialmente se você quiser colher os benefícios que a meditação tem a oferecer.

Quinto passo: Determine o tempo da sua sessão de mediação antes de começar.Como iniciante, você não vai querer meditar por muito tempo. Vai ser difícil ficar meditando por uma hora. Érecomendado que você comece com cinco a dez minutos por dia.Depois de cada semana, você pode aumentá-lo. Você pode até mesmo fazer sessões de meditação mais de uma vez por dia, mas certifique-se de manter cada sessão em um tempo razoável quando estiver apenas começando, paranão ficar desanimado.Às vezes você não conseguirá atingir seus objetivos, mas isso também é humano.

Nunca se permitapenalizar ou ficar muito frustrado.

O processo de meditação

Existem seis passos fáceis para iniciar o seuprocesso de meditação, e você os encontrará aqui neste capítulo.Cada sessão de mediação será um pouco diferente, por isso lembre-se de que este livro pretende ser um guia. Você pode alterar e ajustar o processo de mediação dependendo do que funciona melhor para você. Apenas pegue um momento para respirar antes de começar qualquer coisa, e não deixe seus nervos te derrubarem.Dê um passo de cada vez, mas só comece depois de ler cada um deles. Isso ajudará você a se certificar de que está pronto para começar.

Etapa 1: escolha um mantra

Esta é uma técnica de iniciante para iniciar a meditação, mas realmente funciona. Você vai querer ter um mantra. Esta é uma palavra ou frase que você irá usar. Pode ser tão simples como "estou em paz". Você vai querer certificar-se de que você continua a repetir isso para você, forçando tudo fora de sua cabeça.Escolha o que você acha que funcionará para você. Lembre-se de que você pode repetir um mantra na sua cabeça ou em voz alta. Quando você tem dificuldade em se concentrar, dizer isso em voz alta geralmente ajuda você a voltar aostrilhos.Tente dizer para si mesmo em um tom calmo.

Você deve ter certeza em seu mantra. Alguns outros mantras que você pode experimentar são "Estou relaxado", "Encontrarei minha felicidade", "Eu posso ser feliz", mas fazer o seu próprio é sempre recomendado, mas você pode não saber oque dizer da primeira vez.Virá naturalmente, e você pode mudar seu mantra dependendo do que você acha que precisa naquele momento específico daquela sessão de mediação específica.

Etapa 2: tome posição
Você já deve ter escolhido o seu lugar, então vocêprecisa entrar na posição que você escolheu.Sente-se com cuidado, certificando-se de que você está

confortável. Apague as luzes se elas estiverem distraindo. Certifique-se de fechar a janela, se necessário, e certifique-se de que você não está incomodado. Reserve um momento parase certificar de que está confortável antes de começar, e então você pode realmente começar.Experimente algumas posições se achar que algo está inadequado. Se você sente que não pode ficar confortável, então provavelmente está cheio demais de energia e precisa liberar um poucoantes de começar.

Passo 3: Comece sua respiração

Você já está respirando, mas há uma maneira de entrar em relaxamento profundo através da respiração. Comece fechando os olhos para que nada o distraia através da visão. Você precisará aprender a bloquear seusoutros sentidos também.Respiração profunda irá ajudá-lo a atingir umestado meditativomais rápido.Você precisará estar atento para respirar. Isto tem seus próprios passos que você encontrará abaixo. Chama-se atenção plena da respiração.

Passo 1: comece sentado confortavelmentee respirando pelo nariz e depois expire pela boca.Continue esse processo.

Passo2: comece a se concentrar no que parece ser o ar passando pelo nariz, pelos pulmões e pela boca. Limpe todos os outros pensamentos.

Etapa 3: Continue até atingir um estado de relaxamento e mantenha-o por alguns minutos até sentir que deseja passar para a próxima etapa de mediação. Isso pode ser mantido por cinco minutos até algumas horas. Depende da suapreferência. Você deve começar a sentir seus músculos começando a liberar qualquer tensão que eles estivessem segurando.

Etapa 4: com seus objetivos
É aqui que você começa a pensar em algo, liberando sua concentração na respiração. Se vocêtem algo em particular, você quer pensar, em seguida,trazer esse

pensamento para a frente de seu cérebro. Se você não fizer isso, então você vai querer apenas se concentrar em observar seus pensamentos. Deixe seus pensamentos irem e virem. Tente não interagir com eles. Isso significa que você não vai realmente tentar reagir a eles. Tente manter a calma e mantenha suas emoções sob controle.

Passo 5: Comece a limpar sua mente

Quando você completar seu objetivo ou estiver chegando ao fim do seu tempo, então você precisará limpar sua mentenovamente. Isso pode ser feito de duas maneiras. Algumas pessoas podem apenas pensar em limpar a mente e banir seus pensamentos. Isso funciona na maioria das vezes. No entanto, se você ainda estiver tendo problemas, então você deve começar concentrando-senovamente em sua respiração. Você poderá mudar seu foco dessa maneira. Lembre-se de se concentrar em como é o ar que passa por você. Você pode então quebrar essa concentração abrindo os olhos.

Etapa 6: comece a alongar
É melhor alongar, especialmente se você estiversentado por mais tempo do que está acostumado. Estique de forma que qualquer tensão que a meditação tenha causado esteja completamente relaxada. Isso não deve fazer com que você fique tenso, mas se você sentir qualquer frustração enquanto estiver mediando, então a tensão e o estresse podemajudar. Isso irá naturalmente desaparecer com a cidade.

Alguns tipos de meditação
Os passos de meditação que você leu no capítulo anterior sãoapenas um tipo de meditação. A meditação é um termo genérico que abrange muito, e você descobrirá que isso ajuda a descobrir qualmeditação funciona melhor para você. Alguma meditação funcionará melhor para diferentes objetivos finais ou apenas em momentos diferentes. É provável que você tenha vários compromissos familiares e tenha uma vida profissional muito ocupada, e há muitas práticas comuns que

vocêpoderá usar para ajudá-lo com esses problemas. Seu trabalho exigente ou sua família exigente podem deixá-lo nervoso ou ansioso, e você pode precisar fazer algo por umprazo específico.Se você conseguir se sentir mais calmo, poderá concluirsuas tarefas com muito mais facilidade. Este capítulo é dedicado a meditar com objetivos específicos em mente.

Meditação para o trabalho:
Isso é tão simples quanto parece. A meditação pode envolver o movimento, e quando você está no trabalho, você é capaz de andar por aí. Faça isso se você quiseralongar antes de entrar em meditação relacionada ao trabalho. O objetivo é contar até dez enquanto respira profundamente. Você vai querer fazer isso até que você possa contar até dez sem perder a conta. Se você está perdendo a conta, então você não está calmo.

Isso ajuda com a raivatambém, e se você ainda se sentir estressado depois de contar até dez, então volte para zero. Lembre-se de manter sua respiração uniforme e profunda. Respire pelo nariz e pela boca, concentrando-se no caminho que o ar percorre pelo seu corpo. Você pode fazer isso ao longo do dia para ajudar a manter seus níveis de estresse baixos.

O objetivo desse tipo de meditação é um único ponto. A meditação em um só ponto não tem outro motivo senão relaxar o corpo e manter tudo sob controle. A meditação de ponto únicoestá focando em um ponto ou objeto de cada vez. Isso requer prática, mas é uma das formas mais simples de meditação. Você encontrará alguns benefícios desta meditação listados abaixo.

Lidar com Pressão: Aumentará sua capacidade de controlar a pressão porque vocênão está mais no seu limite. Ele permite que você dê um passo atrás por apenas um momento, o que ajudará você a aumentar sua capacidade de encontrar uma solução para um problema. Você será capaz de assumir mais tarefas e responsabilidades.

Multitarefa: Este tipo de meditaçãoajudará você a realizar múltiplas tarefas, pois isso permitirá que você se concentre em mais de uma coisa depois. Você já tem sua mente sob controle, permitindo que você divida seu processo de pensamento sobre o que você precisa fazer.

Foco: Ajudará com o seu foco,e é por isso que é melhor fazê-lo antes de qualquer reunião. Você será capaz de prestar atenção e reter mais do que você aprende. Isso pode ajudar na escola por esse mesmo motivo.

Tomada de Decisão: Aumentará suas habilidades de tomada de decisão, porque agora você podepensar com uma cabeça clara. Qualquer coisa que não tenha relação está agora fora de sua mente e você poderá avaliar as possibilidades. Isso aumentará drasticamente o desempenho do seu trabalho ao longo do tempo.

Meditação de atenção plena

Meditação atentiva é ondevocê está prestando atenção ao que você está fazendo. Você pode fazer isso enquanto escreve, pinta ou faz qualquer outra tarefa. A meditação da atenção plena pode até ser praticada se você estiver andando ou fazendo algo tão simples quanto lavar a louça. Isso vai afastar os pensamentosda sua cabeça. Você tem que aceitar que sua mente vai vagar durante isso, mas você vai apenas dizer a si mesmo que é normal e tudo bem.

Depois disso, você vai querer voltarseu foco para o que você estava fazendo. No começo, você pode ter que controlar seus pensamentosvárias vezes em uma sessão, mas quanto mais prática você obtiver,mais fácil será se concentrar apenas no que você está fazendo atualmente. Apenas tenha em mente que mesmose você for praticado nisso, a mente de todos irá vagar eventualmente. Abaixo você encontrará alguns benefíciosda meditação da atenção plena.

Mais pensamentos e emoções: Você será capaz de perceber mais de seus próprios pensamentos e emoções sem escondê-los. Isso ajudará você a experimentar e se entender um pouco mais. Não há razão para permitirpensamentos prejudiciais, mas às vezes eles passam despercebidos quando você tenta enterrá-los. É mais saudável ser capaz de reconhecê-los e trabalhar através deles. Isso é o que a meditação da atenção plena ajudará a lhe dar.

Controlando o seuFoco: Com qualquer meditação, você ganhará mais foco.Com a meditação de atenção plena, você será capaz de controlar seu foco. Você aprenderá a aceitar pensamentos e a redirecioná-los. Isso irá ajudá-lo quando você estiver sob pressão ou estiver tendo dificuldades para decidir.

Dando-lhe paz: Qualquer meditação ajudará a proporcionar-lhe a paz, mas você realmente será capaz de ter um momento para relaxar durante as atividades normais com a meditação de atenção plena.Isso ajudará a diminuir a quantidade de ansiedade que você encontra, bem como seu nível de estresse geral.

Não desperdiçando tempo: você pode sentir que a meditação leva muito tempo, especialmente se você tiver uma agenda lotada. No entanto, com meditação de atenção plena você é capaz de fazer algo fora de sua lista, bem como meditar. Está matando dois pássaros com uma pedra.

Meditação da Compaixão:
A meditação da compaixão é simplesmente a contemplação da situação de outra pessoa. Assim como você, outras pessoas querem ser felizes e ninguém quer sentir tristeza ou depressão. Por essa razão, a meditação da compaixão é fácil porque as pessoas jápossuem compaixão pelos outros. Ao reconhecer e relembrar as coisas que todos têm em comum, torna-se muito mais fácil sentir compaixão pelas pessoas ao seu redor.

Para praticar a meditação da compaixão, você precisa pensarna pessoa com quem está zangado e lembrar que ela é use relaciona com alguém. Eles importam neste mundo e são humanos. Lembre-se de que eles estão passando por algo, e pode não ser algo que você conhece. Existem motivospara suas ações, e nem sempre é sua culpa. Isso vai ajudá-lo a avançar e perdoar. Você também aprenderá a fazer mais amigos. Você encontrará os benefícios da meditação da compaixão listados abaixo.

Bravura: lembre-se que comesta meditação você estará ganhando força, coragem e bravura. Pense em soldados. Eles são mais corajosos porque estão preocupados com aqueles ao seu redor. Vocêvai se tornar uma pessoa melhor.

Independência: Você aprenderá com esse tipo de meditaçãoque o modo como se sente em relação a si mesmo não depende de como alguém o trata. Isso irá ajudá-lo a obter a sua independência de permitir que as pessoas controlem como você se sente, e isso até ajudará na sua autoestima. Aumentar sua autoestima aos seus próprios olhos, ajudará você a se sentir mais feliz em geral e banir a depressão.

Alguns exercícios de meditação
Quando você está apenas começando, não tenha expectativas muito altas para si mesmo. Você precisa treinar sua mente, como faria com qualquer outro músculo do seu corpo. É disso que essesexercícios de meditação se tratam. Todos têm questões importantes que precisam ser trabalhadas, e parte do processo de aprender meditação é aprender a aceitar que você não tem conhecimento sobre meditação e sobre si mesmo.

A meditação pode facilmente se tornar uma busca pela iluminação de si mesmo. Não precisa ser iluminação espiritual. Quando você aprende a conhecer e amar a si mesmo, você não precisa se preocupar com a negatividade na vida, empurrando você para baixo tanto quanto. Você será capaz de realizar mais commenos estresse, ajudando você a alcançar metas mais altas. Você realizará mais e não sentirá tanto trabalho.

Um exercício para conhecer a si mesmo:
Durante a meditação, observe sua respiração. Não basta verificar isso aleatoriamente quando se trata de mente. Aprendae torne-se plenamente consciente de como cada suspiro te faz sentir. Você está forçando o ar para dentro ou para fora? Onde está o sentimento mais proeminente? Durante várias sessões de meditação, tente aprender a diferença em sua respiração enquanto você está sentindo emoções diferentes e, maisimportante, como mudar sua respiração para um ritmo lento e estável para a sua meditação.

Quando você aprender seus padrões respiratórios, comece a voltar seu foco para o seu eu físico. Você será capaz de dizer como se sente emocionalmente. Faça um balanço se você sentirque tem borboletas na barriga, se estiver doente ou com raiva. Se você está animado ou feliz, você precisa tomar conhecimento disso também. Essas emoções se apresentarão em uma forma física que você precisa ter o cuidado de procurar.

Se você está com raiva, você pode notar isso do jeito que seus punhos estão querendoapertar ou da maneira que seus músculos estão tensos. Você pode notar porque apertou os dentes com força demais ouabriuo rosto. Se você está feliz, você pode notar como você está relaxado ou quevocê está sorrindo sem querer. Se você está doente, seu estômago pode doer, você pode ter uma dor de cabeça, ou você pode sentir náuseas. É importante procurar o que seu corpo está tentando dizer para que você possa aceitá-lo.

Você será capaz de treinar sua mente parareconhecer cada uma dessas sensações. Quando você aprende a entender o que seu corpo e mente estão dizendo a você,entãovocê vai ser capaz de saber o que as questões subjacentes são de modo que você pode alterá-los. Sua mente inconscientemente focaliza sua atenção emalgo que está incomodando você, e é por isso que não direcionar sua meditação às vezes é a melhor coisa para você. Você poderá consertar mais seus problemas em menos tempo com menos estresse envolvido.

Amplie sua consciência e seus sentidos:

Esta é outraestratégia básica de meditação, e é totalmente sobre a concentração em seu entorno. Isso é ótimo se você está procurando aprender mais sobre a meditação de atenção plena e aprender a viver o momento. Você não vai se concentrar exatamente em tudo sobre o seu entorno, mas permite que você esteja ciente o suficiente para reconhecer quaisquer mudanças que ocorram externamente. É bom poder entrar em um estado meditativo profundo, mas quando você está meditando em outros lugares além de sua casa, isso não é recomendado.

É quando você precisaentrar em um estado meditativo que ainda lhe permite estar consciente de seu entorno, como quando você está no trabalho ou no ônibus. Isso ajudará você a reconhecer se há uma emergência ou se algo precisa ser feito para evitar que você fique doente.

Para praticarisso, você começará com sua respiração e apontará seus pensamentos completamente para dentro, e então permitirá que seus pensamentos passem por você. Ao fazer isso, certifique-se de se concentrar em como o seu corpo também se sente. Guie sua meditação e concentre-se fazendo perguntas para si mesmo.

Pergunte a si mesmo se você está com frio, se está quente, se você se sente dolorido ou apertado. Pergunte a si mesmo se há ruído de fundo e tente descobrir qual é o ruído. Uma vez que seus pensamentos deixem de ser apenas focados para dentro, essa forma de consciênciadeve começar a surgir naturalmente sem a necessidade de perguntas. Pergunte a si mesmo se você pode provar qualquer coisa, cheirar qualquer coisa e se concentrar em todos os seus sentidos. Todos os seus sentidos têm a capacidade de alertar você sobre qualquer perigo.

Técnicas de meditação ao ar livre:
Isso é praticamente como estender seu sentido, mas exige um esforço a mais. Você precisará encontrar um local confortável e tranquilo do lado de fora, e então você entrará na meditação básica. Agora você usará todas as técnicas que praticou paraque você consiga aprender a meditar em lugares abertos. Meditar ao ar livre ajudará você a se centrar. Estar ao ar livre também é conhecido por ajudá-lo com diferentes doenças, incluindo estresse e ansiedade. Com o tempo, enquanto medita ao ar livre, você perceberá que você se tornaconsciente não apenas de si mesmo, mas do que está ao seu redor e de como você se encaixa nessa rede. Isso pode criar uma perspectiva mais saudável para você, assim como aumentar sua autoestima.

Meditação e Visualização:
A meditação nem sempre tem que ser estritamente sobre oque você está sentindo. A meditação pode estar evocando algo que ajuda você a passar por um momento difícil, e é disso que trata a

meditação da visualização. É aqui que você usa sua imaginação para criar uma imagem e recua em sua mente. Essaforma de meditação não deve ser feita quando você estiver em um lugar que não seja completamente seguro, pois você não estará prestando atenção ao seu ambiente. É melhor fazer isso na segurança de sua casa, onde você não será perturbado.

Pode ajudá-lo a lidar comsituações estressantes e traumáticas. É conhecido por ajudar com transtornos de ansiedade, bem como depressão clínica. Você precisará criar uma imagem que faça você se sentir seguro e consolado. Florestas, lagos, rios ou mesmo prados são os locais mais comuns. Porém, se você tem um lugar de sua infância que fez você se sentir seguro, pode imaginar que também está lá.

Apenas certifique-se que é um lugar que faz você se sentir confortado ou não vai funcionar. Esta imagem irá desaparecer naturalmente se você perdersua concentração, mas o objetivo é ser capaz de experimentar o lugar através de seus sentidos, recuando para o pensamento do lugar. Conjure a imagem e comece a adicionar mais e mais detalhes. Pergunte a si mesmo como deve cheirar. Pergunte o que deveser. Pergunte como ficaria quando o sol estivesse se pondo e assim por diante.

Nessa forma de meditação, seu subconsciente começará a mostrar dicas do que o está incomodando, para que você possa perceber o que está causando uma perturbação emocional. Você aprenderáa lidar com isso no mundo real também. Você não precisa encarar tudo de uma vez, e é um processo lento, mas é provável que ajude você a lidar com situações difíceis. Dá-lhe um local seguro para resolver os seus problemas.

Escolhendo o que é melhor:
Você nãosabe muitos dos diferentes tipos de meditação, mas precisa descobrir o que é melhor para você. É claro que todos podem usar todas as formas de meditação e também dependerão do que você precisa fazer e de onde você está. Apenas

pergunte a si mesmo o que você quer fazerno momento e certifique-se de estar na posição ou local para poder fazê-lo. Sinta-se livre para passar por diferentes estilos de meditação, e logo encontrar a forma correta de meditação se tornará uma segunda natureza.

Dicas e truques para ajudar
Agora você sabe o queé a ditação e por que deveria praticá-la. No entanto, você aprenderá que a meditação é mais fácil de dizer do que de fazer, mas as dicas e truques deste capítulo são dedicados a garantir que você possa alcançar seus objetivos. Não se estresse, e utilize essasdicas para tornar suas sessões um pouco mais fáceis.

Dica # 1 Experimente locais diferentes
Você pode meditar em qualquer lugar. Tenha em mente que a mediação é mais do que apenas sentar em posições estranhas e forçar os pensamentos para fora da sua mente. Você pode meditar virtualmente em qualquer lugar, fazendoqualquer coisa, a qualquer

momento. A única coisa que você precisa lembrar é não limitar seus locais porque está com medo. Isso lhe dará mais oportunidades para evitar a meditação, o que não é condutivo para tentar fazer um cronograma saudável. Se você estiver deviagem, tente alguns minutos de meditação para ver o quanto isso ajuda você. Se você está no trabalho, reserve um momento na sala de conferência se tiver um minuto ou apenas como seu cubículo. Vá para fora quando precisar estar ancorado. Basta fazerisso e você logo descobrirá que a localização não importa.

Dica # 2 Tente diferentes posições

Você não precisa estar em uma determinada posição para meditar. Este livro já cobriu que qualquer posição funciona. Existem posições padrão, como as pernas cruzadas, que você já conhece. Por outro lado, você vai querer experimentar diferentes, mesmo se você encontrou um que funciona para você. A meditação da respiração é mais fácil quando você está quieto, mas você também pode fazê-lo enquanto está deitado na cama. Uma posição pode funcionar, mas outra pode sermelhor.

Dica # 3 não complicar demais
Lembre-se de manter as coisas simples quando meditar. Não há razão para complicar. Você não precisa encontrar as respostas para as grandes questões da vida. Apenas permita-se ser você, e você descobrirá que vai seconhecer. Isso ajudará a aumentar suas chances de ser feliz ao longo do dia, o que irá ajudá-lo, especialmente se você estiver sofrendo de depressão.

Dica # 4 Mover-se
Tente andar se você não consegue se sentar confortavelmente. Lembrando que a meditação pode ser feita em qualquer lugar, se você está tendo dificuldade em ficar sentado ou apenas se sentindo inquieto, tente praticar uma meditação andando.Andar por aí é outra maneira de limpar a cabeça e, quando combinada com a meditação, é mais provável que você consiga obter oresultado desejado.

Dica # 5 Não tenha medo de experimentar

Experimente diferentes tipos de meditação até encontrar o quemelhor se adequa a você. Não há problema em ter diferentes tipos de estilos de mediação, por assim dizer, por assim dizer. Isso ajudará você a se encaixar na situação em questão. Não há razão para pensar que você precisa se ater a um porque funcionou a única vez. Em momentos diferentes, tente diferentes. A meditação da atenção plena funciona melhor para algumas pessoas quando elas estão tentando adormecer, por exemplo, mas exercícios de respiração funcionam melhor para outras pessoas na mesma situação.

Dica # 6 Sempre Pratique

Lembre-se que a maioria das pessoas precisa praticar para pegar o jeito de algo, a meditação não é diferente. Você tem que continuar praticando mesmo que seja difícil na primeira vez. Isso pode adicionarestresse, mas somente se você permitir. A maior coisa que você precisa lembrar é que os erros são humanos e você é apenas humano. Apenas deixe de lado a frustração que esses erros estão causando em você. Não importa quantas vezes você errar. A única coisaque importa é que você acabará acertando.

Dica # 7 Monitorar Concentração
Concentrar-se muito na meditação pode distraí-lo da meditação. Isto pode parecerque écontraproducente, mas você não pode se preocupar em ser perfeito. A meditação afeta aspessoas de maneira diferente. Se você está tentando se concentrar se está fazendo certo, então você não está se concentrando em limpar sua mente. Assim como com tudo em sua vida, você terá que continuar até encontrar o equilíbrio adequado. Não se concentre em ficarperfeito na primeira vez.Apenas pratique em fazer isso um pouco todos os dias. Acertar vai chegar a tempo.

Dica # 8 Esqueça suas mãos
Mantenha sua posição de mão fora de sua mente. Sinais de mão não são necessários para mediação, mas eles podem ajudar se

você quiserexperimentá-lo. As pessoas muitas vezes acabam caindo nesse "não" da meditação. Você não precisa ter nenhuma posição sentada, então não há razão para fazer um símbolo com as mãos. Suas mãos podem até se mexer enquanto você está meditando, e você não precisa se concentrarmuito nisso também. Basta deixá-los e ser você apenas durante o processo. Deixe o que vai acontecer, acontecer, e o estresse começará a desaparecer por conta própria. A mediação não deve causar qualquer ansiedade adicional.

Dica # 9 Fique acordado
Fique acordado, mesmo se você estáfazendo isso antes de dormir. Nada vai ferir meditação como adormecer no meio dela. Pior ainda, normalmente vai desencorajar você, e isso não pode acontecer. Se você está muito preocupado com a possibilidade de adormecer deitado em sua cama, caminhe primeiro ou encontre umanova posição. Você se sentirá insatisfeito durante sua sessão se não conseguircompletá-lo. Mantenha as

costas retas, sua capacidade de concentração e permaneça acordado, está diretamente conectado à sua postura.

Dica # 10 não depois de comer
Tente não meditar logo após comer. Tentar fazer qualquer coisa depois de comer pode ser desconfortável, mesmo se você comeu pouco.Claro, comer uma refeição mais pesada fará com que você se sinta ainda pior, e aumenta suas chances de adormecer enquanto medita. Naturalmente, o mesmopode acontecer se você estiver tentando meditar enquanto estiver com fome. Digerir alimentos é uma distração, mas tentar ignorar o estômago pode ser igualmente ruim.

Dica # 11 Sorria um pouco mais
Tente sorrir enquanto medita, isso pode ajudar a aliviar o estresse. Não hárazão para tentar manter um rosto sombrio. Permita que seus músculos façam o que eles querem, e isso inclui seus músculos faciais. No entanto, você também não quer se forçar a sorrir. Sorria antes e tente se colocar em um estado de espírito

positivo, que afeta adireção em que sua meditação entra.

Dica # 12 Não se repreenda
Está tudo bem para sua mente vagar um pouco. Não fale para si mesmo, não importa para que ela vagueia. É natural, e falar de si mesmo é um hábito negativo que negatudo o que você está procurando. Você vai querer tentar ser positivo. Na verdade, diga que está tudo bem em voz alta se você precisar do reforço porque sente que está caindo nesse hábito.

Dica # 13 Mantenha Contagem
Tente contar durante a meditação se você nãotiver um objetivo específico em mente. Não há razão para contar cada vez, mas quando você está tendo um dia ou horário mais estressante, esse é um método útil para mantê-lo meditando sem desanimar. Você também pode usar isso como uma introdução àsua sessão de meditação antes de voltar seus pensamentos para o que você está tentando processar ou aceitar.

Dica # 14 Use um temporizador
Tente definir um cronômetro para que você saiba quando a meditação terminar. Não caia na armadilha de parar abruptamente e não use umsom que o tire do seu estado meditativo. Definir um temporizador no seu telefone enquantoele está em vibraçãogeralmente é bom o suficiente. Se você não estiver pronto no momento em que ele se apaga, concentre-se em respirar fundo dez vezes e dispensar seus últimos pensamentos. Mantenha o cronômetro fora da vista e alcance para evitar que ele distraia você.

Dica # 15 não force o tempo
Não se force a praticar por muito tempo do que se sente confortável ao mesmo tempo. Mesmo se você se preparar para meditar por trinta minutos, você não precisameditar por trinta minutos se tiver alcançado o que deseja alcançar. Em vez disso, você vai querer abreviar e não se forçar a pensar por mais tempo. Se você quiser terminar uma sessão, termine com exercícios de respiração.

Dica # 16 Espaço Dedicado
Você vai querer dedicar um certo espaço à sua meditação no mesmo dia. Você não precisa fazer isso como um iniciante, mas vai ajudá-lo a progredir mais tarde. Pode ser tão simples como um local no jardim para uma cadeira em sua sala de estar. Mesmo o espaço nochão ao lado da sua cama é suficiente, mas ir a um espaço dedicado à atividade ajudará a preparar sua mente para a atividade.

Alguns "Nãos" para Meditação
Você já sabe que há dicas e truques para ajudá-lo a meditar e, depois de implementa-los, será um processo muito mais fácil. No entanto, existem também alguns erros comuns de meditação em que as pessoas caem e que você pode evitar. Estas são meditações, e você as encontrará listadas abaixo. Tão logo você saiba o que não fazer, evitar erros se torna muito mais fácil com menos frustração.

Não #1 ser impaciente
Ser impaciente vai levar à sua queda na meditação. Isso leva ao estresse,

ansiedade, depressão e tensão. Tudo o que a meditação deve ajudá-lo a evitar. Nadavem para você da noite para o dia. Lembre-se de que é uma habilidade e todas as habilidades precisam ser trabalhadas. Você terá que tratar seu cérebro como um músculo, e aprenderá que você se acumulará lentamente com o tempo. Não se canse. Não se repreenda. Dê a todos umpasso fácil de cada vez, construindo aquilo que você já conhece e recuando da prática quando precisar de um descanso.

Não # 2 ter respiração irregular
Controlar sua respiração na meditação vai ajudá-lo na maioria dos casos. Há alguns casos em quevocê precisará deixar sua respiração vir naturalmente, mas nunca deve ser errático ou não natural. Você precisa ser capaz de acalmar sua respiração em um estado natural, se você não estiver usando respirações profundas, o que dependerá do exercício que você está usando. Se você notarque está tendo uma respiração irregular, pare um pouco e descubra o motivo. Corrigi-o e, em

seguida, continue. Respiração errática coloca muita tensão em seu corpo, e você não será capaz de se acalmar ou encontrar seu próprio senso de paz se você estiver experimentando isso.

Não # 3 Pensar demais
Pensar é uma coisa, mas o excesso de pensamentoestá em uma categoria completamente diferente. Sua mente nunca deveria estar correndo. Pode ter múltiplos pensamentos sobre isso, mas você nem precisa se aprofundar nesses pensamentos. Muito menos deixe-se habitar ou sepreocupar. Descartar a preocupação é o ponto, então apenas faça o que você precisa fazer. Meditação não é algo que você deve levar uma hora para se preparar. Apenas tire um momento, decida fazê-lo, sente-se e faça isso. Não se deixe convencer disso.

Não # 4 Mentir para si mesmo
Você nem sempre se sentirá melhor depois de cada sessão. Quando você está apenas começando a meditação, você pode não se sentir melhor em tudo. Pode parecer que não está ajudando até que

você esteja praticando por uma semana ou mais. Depende dapessoa. Alguma sessão pode até mesmo fazer você se sentir pior, especialmente se você começou com raiva. Apenas tente novamente, e perceba que através da meditação você está aprendendo alguma coisa. Isso pode parecer bom e ruim, dependendoda realização que você fez. Se você fizer uma taxaruim depois de uma sessão, então geralmente há algo que você precisa consertar. No entanto, pelo menos a meditação lhe disse o que estava errado, e quando você está ciente de um problema, é muito mais fácil corrigi-lo.

Não faça # 5 forçá-lo

Você não pode simplesmente forçar a meditação aacontecer. É aqui que o remarcar será útil. Haverá momentos em que você só precisará pular temporariamente, mas não para o dia. Se você está inquieto ou cheio de energia, então sua mente estará em todo lugar. Não será capaz de processar aedição, por isso não caia na armadilha de sentir que você tem que forçá-lo. Isso vai deixar você desanimado e também levará a uma meditação inadequada que não lhe dará nenhum dos benefícios que você está procurando.

Não # 6 Não se questione
Questionar-se fará com que se sinta inseguro e infeliz. Ao meditar, especialmente depois de praticar por alguns dias, você começará a tomar decisões e entendimentos. Quando você sai do seu estado meditativo, você provavelmenteterá algo que você quer fazer ou mudar. Não há problema em experimentar mudanças, mas pode ser assustador. Isso pode fazer você se questionar, e isso deve ser evitado a todo custo. Lembre-se que quando você toma uma decisão, você precisa ser capaz defazer isso.

Não # 7 Meditar quando está zangado
Tentar meditar enquanto está com raiva normalmente só leva a mais raiva. A única exceção a essa regra é seus exercícios de respiração. A meditação da atenção plena geralmente piorará a situação, mas a

meditação da compaixão pode serreforçada depois de alguns minutos para esfriar. Se a sua raiva é de uma pessoa, então você vai querer tentar encontrar uma maneira de perdoá-la, e a meditação pode ser a resposta. Se você está com raiva de uma situação, então você pode querer meditar para limpar seus pensamentospara que você possa se concentrar em uma solução. Apenas certifique-se de esperar até que a raiva inicial passe, para que sua sessão de meditação seja bem-sucedida.

Não # 8 Espremer na agenda

Forçar-se a meditar por mais tempo do que você tem naquele momento vai fazer você se sentir apressado.Você não será capaz de realizar meditação adequadamente se estiver sob pressão para fazê-lo. Se você definir sua agenda para meditar por uma hora, mas só tiver dez minutos, perceba que só pode poupar dez minutos. Não é nada para ser tãoprejudicado. Que dez minutos sem pressão, será mais benéfico para você do que tentar forçar essa hora enquanto se sente estressado e pressionado a fazê-lo.

Não # 9 Basear-se apenas em guias

Apoiar-se em guias pode ajudá-lo a começar, mas todos são diferentes. Existem exceções e há instâncias que não podem ser planejadas. Use um guia como uma maneira de guiá-lo para o mundo da meditação, mas não pense que é o fim de tudo. Você sempre pode aprender e expandir, e você pode precisar mudar alguma coisa para se convencerse quiser tirar o máximo proveito de suas sessões.

Não # 10 Sobrecarregar seus sentidos

Tente evitar música ou aromas fortes, pois eles podem prejudicar seu foco mais do que ajudam. Você está se voltando para dentro quando usa a maioria das técnicas de meditação. A única exceçãoé a meditação da atenção plena, e então você será capaz de se conscientizar desses sentidos. Você vai querer certificar-se de que você está em um lugar com cheiro de limpo e sem muito barulho. Qualquer coisa que tire sua concentração deve ser evitada. Esta é uma das principais razões pelas quais dedicar um lugar à meditação é recomendado.

Parte 2

Introdução

Quando as pessoas pensam em meditação, se confundem com todos os tipos diferentes de meditação, e duvidam de suas habilidades de se conhecerem intimamente e pensarem em absolutamente nada. É alheio à vida ocupada que as pessoas têm hoje e elas veem fotos de posições complexas e ganham a impressão que meditação é algo complexo demais para elas.

Outros se beneficiam, pois dão uma chance à meditação e descobrem que isto faz da vida delas muito mais focadas. Faz com que os sentidos fiquem mais aguçados e traz paz e felicidade para uma vida que, de outro modo, pode ser caótica. Para principiantes, não é uma questão de conseguir ou não, é uma questão de quando conseguir, pois quanto mais cedo aprender as técnicas, mais poderá se beneficiar do modo como a meditação lhe faz sentir.

Acha que sua vida é muito ocupada? Meditação o ajudará a tomar grandes decisões e aumentar sua produtividade. Como? Ela lhe ajuda a se tornar mais focado(a) e capaz de tomar decisões com mais rapidez através de uma mente mais clara. Muitos negócios são beneficiados com a meditação, pois ajuda as pessoas a permanecerem em sintonia com elas mesmas para que dúvidas não ocorram.

Os benefícios de saúde com a meditação também são importantes para destacar, pois muitas pessoas permitem que seus níveis de estresse se tornem muito altos. Com o tempo, isto pode acarretar em muitos tipos de doenças. No entanto, a meditação ajuda o indivíduo a reter a habilidade de viver uma vida feliz e equilibrada, independentemente dos níveis de estresse, pois auxilia o praticante a colocar sua vida em perspectiva.

Acha que ainda não é informação suficiente para tomar uma decisão? Continue lendo, porque este livro foi escrito para introduzir um meio de mudar significativamente seu modo de olhar para a vida. É uma abordagem realmente benéfica e que é utilizada no mundo inteiro para ajudar pessoas a aprenderem a se tornarem centradas e em paz com o mundo onde vivem. A prática da meditação Budista e práticas similares de abordagem orientais estão bem estabelecidas. Não se trata de algo que está na moda ou uma mania. Na verdade, aqueles que praticam regularmente podem atestar os benefícios que sentiram com a meditação. Continue sua leitura, aproveite, e depois tome sua decisão, afinal este é um livro escrito para iniciantes.

Capítulo 1 – O que é Meditação?

Meditação é a concentração em algo além do barulho dos seus pensamentos. Você pode ver pessoas que sentam em posições aparentemente desconfortáveis, mas não precisa se preocupar com isto. Isto é usado por aqueles que praticam yoga, que está associado com um tipo específico de meditação. A meditação pode acontecer de várias formas. Desde concentrar na respiração até a concentração em um objeto específico. O que a meditação propicia é focar a mente em algo além das influências externas que a vida traz para todos diariamente.

Aqui estão alguns exemplos de tipos diferentes de meditação. Estas ideias o ajudarão a decidir que tipo de meditação é mais adequada para você. Lembre-se, você precisa se beneficiar com a meditação que pratica, e alguns tipos serão mais adequados para um grupo de indivíduos do que outros.

Meditação do Som Primordial

Este é o tipo de meditação que geralmente é praticada pelos Hindus. Centros Chopras são encontrados no mundo inteiro e se você decidir por este tipo de meditação, será esperado que use um mantra. É uma frase que é repetida para que se concentre no mantra ao invés de qualquer outra coisa, auxiliando a liberar sua mente de outros pensamentos. É um método de meditação muito antigos e os mantras são escolhidos de acordo com a data e hora do seu nascimento, e consiste em sons que são calculados usando fórmulas Védicas.

O modo como é praticado é sentando em silêncio por um período de tempo. Na verdade, isto é mais difícil do que pode imaginar. Seus olhos ficam fechados, seus ouvidos tampados com os dedos para abafar o som. Quando está relaxado, o indivíduo é pedido que repita seu mantra e não pense em mais nada. Os praticantes devem ouvir as vibrações e entrar em sintonia com elas. Este tipo de meditação tem como alvo o chakra coronal ou intelectual que está localizado no topo da cabeça.

Meditação de Consciência Plena

Esta é uma escolha popular entre as pessoas que nunca tiveram experiência com a prática de meditação. Auxilia a relaxar seus praticantes e também os encoraja a se concentrarem nas partes do corpo, ficando totalmente consciente de cada parte do corpo, similar às técnicas de relaxamento usadas por profissionais no campo da saúde. O que pode levá-lo(a) para além disto é concentrar em sua respiração. Os exercícios que faz com este tipo de meditação são bem diretos e podem ser praticados a sós ou em um lugar tranquilo para ajudar a mente a se tornar mais focada e consciente. É a forma ideal de meditação para aqueles que procuram por paz interior, melhor entendimento e escapar dos estresses da vida cotidiana.

A meditação de Consciência Plena lhe faz ciente do momento em que está vivendo. Significa que você começará a ser capaz de apreciar cada momento por aquilo que ele oferece, ao invés de apenas andar pela vida com seus olhos fechados para as oportunidades.

Meditação Zen

Esta é a forma de meditação praticada por monges Budistas. É outra forma de meditação que lhe pede para focar no seu interior. Novamente, neste tipo de meditação, é preciso que se concentre na respiração e na sua harmonia com o universo. É possivelmente um dos métodos de meditação que seria melhor praticado se for ensinado por um professor experiente.

Meditação Transcendental

Esta é uma prática muito similar à meditação de som, como mostrada acima, pois depende do mantra e também usa palavras do Sânscrito, com as quais você não estará familiarizado. A ideia dos mantras é que são palavras nas quais não há significado. Se usar uma palavra que reconheça, sua mente a associaria com um significado. Na meditação transcendental, você se concentra naquelas palavras para direcionar o foco da mente para longe dos pensamentos diários. Este foi o tipo de meditação que se tornou muito popular nos anos sessenta, quando os Beatles estavam envolvidos em práticas de meditação.

Estas são formas mais comuns de meditação e aulas podem estar disponíveis onde você mora. Você pode também querer visitar um retiro conhecido ou um Ashram, pois estes lugares são especialmente criados para auxiliar as pessoas que querem aprender as práticas de meditação com professores que são bem versados nas complexidades da meditação. Eles também fornecem ao praticante uma alternativa ao seu ambiente normal do lar e passar um tempo com outras pessoas que estão procurando a mesma paz de espírito através da meditação.

Capítulo 2 – Aprendendo a Pensar em Nada e Relaxar

Nas técnicas de relaxamento, os praticantes devem se aprimorar e estar cientes das áreas nos seus corpos que são mais tensas e relaxadas. O instrutor ou guia explica como deitar em uma posição confortável irá permitir ao praticante bloquear todos os outros pensamentos e apenas se concentrar em cada área do corpo individualmente, para que sua concentração não se disperse. Isto é benéfico para pessoas que têm vidas tão estressantes que não conseguem encontrar paz de espírito. No entanto, a meditação vai além disto. Em algumas formas de meditação, você é encorajado(a) a pensar em nada. Isto é difícil, e é potencialmente o motivo de muitos novos praticantes preferirem usar a meditação de consciência plena, a qual os fornece algo para se focarem. O foco, nesta forma de meditação, é a respiração e outras variações diferentes de meditação usam este método.

Tentendo Pensar em Nada

Agora, durante este período, tente encontrar um lugar muito tranquilo, sem barulhos externos. Encontre uma posição na qual seu corpo esteja confortável, de preferência sentado(a) com os joelhos e pés cruzados. Coloque suas mãos sobre seus joelhos. Se praticar o exercício de pensar em nada, pode descobrir que é capaz de fazê-lo, mesmo que ache muito difícil. O que isto vai lhe indicar é o melhor tipo de meditação para você. Feche seus olhos. Registre seu tempo em um cronômetro e veja o quanto consegue ficar sem pensar em algo.

Isto não é meditação. Neste ponto, é uma avaliação das suas necessidades pessoais. Veja quanto tempo consegue ficar sem pensar em algo. Mantenha um registro do quanto consegue, mesmo como uma pequena anotação pessoal. Tente novamente, em outro dia, e concentre-se em pensar em nada e limpar sua mente de todos os pensamentos. Assim que um pensamento passar por sua mente, e isto vai acontecer, tente voltar ao foco.

O objetivo deste exercício é avaliar suas próprias necessidades com a meditação. É provável, se você nunca tentou meditar antes, que um dos tipos de meditação no qual você deve se concentrar em algo funcionará melhor. Um tempo silencioso sem nenhum pensamento lhe ajudará a relaxar, e mesmo que ache que é impossível tirar todos os pensamentos da sua mente, a meditação de consciência plena ou de som primordial funcionarão muito bem com você, pois estes tipos retiram o vazio e lhe fornecem algo para contemplar, o que pode ser útil para você em sua prática de meditação.

Exercício de Relaxamento

Este exercício foi feito para lhe ajudar a relaxar. Relaxamento é uma parte essencial da meditação e assim, este exercício o preparará para práticas de meditação mais complexas.

Deite-se em um lugar confortável sem barulhos externos ou distrações. Se houver uma TV ao seu alcance que consiga ouvir, desligue-a. Você precisa se certificar que tudo o que está vestindo é confortável e que nada está lhe comprimindo. Então, retire cintos ou faixas na sua cintura. E certifique-se de não vestir nada que cause irritações ou belisquem sua pele.

Feche seus olhos. Concentre-se nos dedos dos pés. Mexa-os levemente para senti-los moverem. Então, suba para seu tornozelo e faça a mesma coisa. Concentre-se, tensione e depois relaxe. Continue trabalhando seu corpo do tornozelo ao joelho, do joelho até sua coxa e assim por diante, passando pelos pulsos até o pescoço e o topo da sua cabeça. Cada vez que mudar para a próxima parte, respire e esteja consciente de sua respiração entrando pela boca e saindo pelo nariz.

Quando passar por todas as áreas do seu corpo, deve perceber que se sente relaxado(a). Abra seus olhos e lentamente volte a se acostumar com o cômodo ao seu redor. Não tenha pressa. Não se apresse e sinta os benefícios do relaxamento. Agora sente-se lentamente.

O objetivo deste exercício é auxiliá-lo(a) a perceber que o relaxamento o ajudará a retirar as preocupações de sua cabeça, mesmo que apenas pelo período que esteja relaxando. Isto o indicará que com a prática da meditação, pode realmente se sentir assim durante muito tempo sem precisar passar por este processo de relaxamento. Quando medita, você aprimora sua consciência, abraça a vida e sente um grande senso de bem-estar, o qual lhe faz se sentir muito bem, e desenvolve sua força interna para encarar os problemas do cotidiano. Isto é o objetivo da meditação. Um modo de se beneficiar, recarregar sua bateria, e fazê-lo(a) mais eficiente e capaz de ser muito consciente, mas não de um modo que induza nenhum tipo de estresse.

Se estes exercícios funcionarem com você, pode ser capaz de meditar sozinho(a). No entanto, se sentir que precisa do apoio de um professor qualificado e outros praticantes, então uma aula pode ser o melhor modo para que aprenda sobre meditação, sob a orientação deles e o encorajamento de outros que estão achando a experiência um pouco confusa.

Capítulo 3 – Meditação de Consciência Plena a Sós

Este é um tipo de meditação que é fácil para praticar a sós. Pode descobrir que prefere ter a disciplina de aprender em uma aula e não há problema algum com isto, mas neste intervalo, pode dar um passo na sua primeira experiência de meditação. Este tipo utiliza a meditação de consciência plena, que pode reproduzida em sua vida a qualquer momento que se sinta estressado(a) ou infeliz. Isto o auxiliará a se sentir mais alegre e harmonia com o mundo ao seu redor.

Escolhendo um local adequado

Desde que não haja nada para lhe distrair, e que você se sinta seguro(a) e esteja a sós, pode praticar isto em qualquer lugar. O ambiente do lugar que escolher precisa ser tranquilo. Precisa estar a sós sem distrações, mas é possível fazer em um cômodo tranquilo no trabalho, bem como no conforto de seu lar.

Escolhendo sua postura

Você pode não perceber no momento, mas pode meditar em pé, andando ou mesmo quando está sentado em uma cadeira. Pode meditar deitado(a). A melhor postura para suas primeiras experiências é estar confortavelmente sentado(a). Deve evitar vestir roupas que o comprimam, pois isto é uma fonte de distração para sua mente, a fazendo se afastar do estado meditativo, e este não é um bom modo de começar. Quando estiver sentado(a), precisa estar com sua coluna reta. Ela precisa ficar reta durante todo o processo, tenha atenção para não ficar curvado(a). Esta é uma das razões das pessoas que fazem yoga sentarem no chão, ou em um tapete, com as pernas cruzadas. Não tente dobrar as pernas usando a pose padrão do yoga, é muito difícil para um principiante. Apenas o deixará desconfortável e estragará sua concentração. Apenas cruze os tornozelos à sua frente.

Coloque suas mãos sobre os joelhos e posicione seu polegar contra o indicador. Se não se acostumar com esta posição e não parecer natural, simplesmente relaxe suas mãos nos joelhos.

Curve sua cabeça levemente para frente para que respire mais facilmente, e esta será sua posição mais confortável para sua primeira experiência de meditação. Lembre-se de curvar o pescoço, não os ombros.

Há vários princípios na meditação de consciência plena, e são os seguintes:

- Consciência plena do corpo
- Consciência plena de todas as sensações no seu corpo e mente
- Consciência plena aplicada aos padrões mentais de pensamentos
- Consciência plena e pensamento consciente

Cada um destes tem seus benefícios, mas como esta é sua primeira experiência, é importante que não seja muito complexo. O primeiro e segundo princípios podem parecer muito parecidos, mas na verdade são completamente diferentes. A consciência plena do seu corpo é sobre reconhecer cada parte de seu corpo, como você fez com os exercícios de relaxamento nos trechos anteriores do livro.

A consciência plena de todas as sensações significa que, literalmente, pensará em como cada parte de seu corpo lhe faz sentir. Vai sentir desconforto se houver desconforto, dor se houver dor, e se tornará muito consciente da imagem mental de como cada parte daquelas se sentem. No primeiro tipo de meditação, você está apenas ciente da existência de cada parte do seu corpo, e talvez seja o melhor para um principiante, pois não irá distraí-lo(a) muito.

Começando sua Sessão de Meditação

Quando estiver na posição apropriada e confortável, é hora de começar a jornada à meditação. Feche seus olhos, para que influências externas não atrapalhem. Foque nos seus pés. Não pense em mais nada além do dedão do pé, depois, bem lentamente, passe para o próximo, continuando assim para as partes superiores do corpo, tentando focar naquela parte do seu corpo e em nada mais.

Cada vez que mudar para uma nova parte do seu corpo, faça-o lentamente, pensando em mais nada além daquela parte. Pode incluir órgãos internos também, pense no fígado, baço, estômago, pulmões, músculos dos ombros, músculos do pescoço etc. Seu pensamento deve ser apenas de consciência daquela parte do corpo na qual está focando. Não deve levar este pensamento para além disto, ou distrair sua mente, o mínimo que seja, daquela parte do seu corpo. Depois que tiver terminado sua meditação, e tiver passado por todas as partes, mantenha seus olhos fechados. Inspire e expire lentamente, e então abra os olhos.

Capítulo 4 – Meditando com Exercícios de Respiração

Este é o modo que muitos Indianos utilizam para meditar e é muito útil para auxiliá-lo(a) a concentrar sua atenção em uma situação difícil. Você se sente energizado(a) e o ajuda a ser capaz de se concentrar com mais firmeza. Esta meditação é útil no caso de ter uma reunião difícil, ou se quiser simplesmente se sentir mais em paz consigo. Se você é uma pessoa que não consegue relaxar e que está sempre tensa e estressada, este seria um excelente método para tentar, pois ajudará a se sentir mais feliz e sereno, mesmo em situações complicadas.

Sente em um lugar tranquilo. Certifique-se que sua coluna esteja reta e escolha uma posição na qual suas pernas estejam confortáveis e suas mãos depositadas em seu colo. Quando feito em aulas, geralmente a posição é aquela tradicional do yoga, mas se quiser praticar durante o dia ou no trabalho em um lugar tranquilo, não há nada que o impeça, apenas fique em uma posição confortável e que lhe forneça suporte corporal suficiente.

Sua cabeça deve ficar levemente inclinada para a frente, para que suas vias aéreas fiquem livres. Neste estilo de meditação, você tem algo no que se concentrar. Fique na sua posição e permaneça sentado(a) no silêncio do cômodo por alguns minutos antes de começar. Uma coisa que é muito difícil para iniciantes é passar do estado de suas vidas corridas do cotidiano para um estado de meditação, então sempre lembre de se aclimatar ao ambiente, à sua posição e depois ao seu estado de meditação, ao invés de esperar que sua mente reaja a uma mudança rápida de um estado para o outro. Não é assim que funciona, e é muito provável que você ainda esteja "barulhento" por dentro se tentar meditar logo que entra em um cômodo. Seu corpo ainda estará no modo ativo, então é necessário que se acalme aos poucos.

Quando estiver confortável, imóvel, e suas roupas não o estiverem atrapalhando de nenhum modo, pode começar este tipo de meditação. O objetivo deste método é fazer com que você fique consciente apenas de sua respiração, e nada mais. Vai inspirar pelo nariz e expirar pela boca, em um certo ritmo, seguindo os passos abaixo.

Inspire pelo nariz e fique totalmente focado(a) em direcionar este ar por todo o corpo contando mentalmente até seis. Segure sua respiração. Sinta o ar dentro de seu corpo. Expire pela boca lentamente, também contando mentalmente, mas agora até oito.

Continue com este exercício, mas lembre-se de controlar sua respiração, e que deve ficar consciente da respiração e apenas dela. Não deve deixar que influências externas atrapalhem sua concentração. Neste momento, você estará fornecendo à sua mente um descanso do mundo, fazendo-a se tornar mais capaz de focar na resolução de problemas que possam se apresentar.

Este tipo de meditação precisa de um mantra. Este mantra é sua respiração. Se descobrir que este método é útil para você, pode descobrir que quer desenvolvê-lo e aprimorá-lo, e neste caso, uma aula seria excepcionalmente útil para você, na meditação ou no yoga, pois esta parte do yoga é desenvolvida com o tempo, e você ganhará muita força com os exercícios feitos com outras pessoas. Isto também fortalece sua própria capacidade de meditar, pois verá os benefícios rapidamente e desejará continuar sendo mais capaz de alcançar um estado meditativo mais profundo, e a yoga o proporciona isto.

A qualidade de sua respiração pode ser algo no qual nunca pensou. Na verdade, as pessoas não dão a devida importância. O motivo de se aprimorar nisto é o fato de que quando está pensando na sua respiração na profundidade esperada, não conseguirá pensar em outras coisas que distrairiam sua mente. Você busca dentro de si a paz que procura e que está dentro de todos, mesmo que não saibam.

É a paz encontrada dentro de si que o fará muito mais forte, mais feliz, e aliviará seu estresse. Conhece o exercício de soprar dentro de um saco que as pessoas fazem quando sofrem de um ataque de ansiedade? O objetivo disto é distrair a mente e fazê-la consciente da respiração, assim como ajustar o nível de oxigênio no corpo. Quando você vir técnicas de meditação como as que foram mostradas neste capítulo, aprenderá como se tornar calmo, centrado e um modo de relaxar seu corpo e sua mente.

Quando descobrir como fazer isto sem se distrair, estará permitindo que sua mente esteja consciente de sua respiração, mas ao mesmo tempo, estará fazendo muito mais que isto. Estará ensinando sua mente a se desligar de tudo o que acontece ao seu redor. Praticantes que são experientes são capazes de fazer este tipo de meditação mesmo quando há pessoas por perto.

Você pode descobrir que lugares pacíficos como espaços próximos à agua o ajudarão. Embora quando é inexperiente, você provavelmente ficará um pouco distraído pelo som das ondas ou do rio correndo, mas pode introduzir este tipo de meditação nestes ambientes para fortalecer sua habilidade de concentração focada inteiramente em sua respiração.

Capítulo 5 – Coisas Que Ajudam a Meditação

Realmente vale a pena cuidar de si e fazer o melhor com a positividade de tudo que está ao seu redor. Isto significa estar ciente de cada momento no qual você está inserido(a). Quando estiver se alimentando, ao invés de apenas ingerir o alimento de um modo rotineiro, preste atenção aos diferentes sabores que entram em contato com seu paladar, preste atenção às diferentes texturas.

Quando estiver andando e passar por flores em um parque, preste atenção na delicadeza das pétalas, no aroma e no modo como as folhas crescem. Preste atenção ao ar que está respirando.

Como isto ajuda?

Ajuda a criar um estado de consciência. Consciência plena é ter a mente que absorve tudo o que está presente e ver o lado positivo da vida. Isto auxiliará em fazê-lo(a) uma pessoa mais feliz. Na primavera, preste atenção no tempo frio que se foi e que o clima mais quente o permite tirar todas aquelas camadas de roupas. Aqueça-se ao sol e sinta-o na sua pele.

Sinta prazer ao comer uma fruta e sentir o suco dela o ajudando nos seus níveis de vitaminas. Aproveite a natureza do melhor jeito possível, e certifique-se de passar um tempo em um ambiente que o permita ter um tempo a sós com a natureza, pois ela é um estímulo natural e o ajudará a lidar com os pensamentos negativos que possa ter. Quanto mais se concentrar nas coisas ao seu redor e absorver suas belezas, menos provável será que se sinta estressado(a) ou incompleto(a).

É a capacidade de prestar atenção que põe a meditação de consciência plena à frente das outras para os iniciantes. Sua capacidade de atenção e de mergulhar nos seus arredores, o trabalho corporal interno e sua respiração o ajudarão a se sentir centrado(a) e muito menos estressado(a). Os exercícios de respiração também são muito eficientes para os momentos da vida quando precisar reunir forças para enfrentar um período difícil ou uma situação que precise resolver um problema complexo. Você enxergará com mais clareza. Será capaz de encontrar respostas dentro de si mesmo(a) que as práticas meditativas permitirão que perceba.

Sem meditação, não será capaz de dar este nível de claridade à sua mente.

Conclusão

Se chegou no limiar do seu desejo de fazer meditação, mais ainda não sente que pode fazer as aulas, tente fazer os exercícios descritos nos capítulos anteriores, pois o dará uma ideia dos benefícios da meditação. Pode aprimorá-los frequentando aulas e aprendendo com outros que, como você, querem alcançar aquele lugar dentro deles que os fornecerá paz e harmonia.

O poder de aliviar o estresse que a meditação tem é inquestionável, e o ajudará a se fortalecer, ver as coisas boas quando a vida o estiver tratando mal. Auxilia na sua concentração, a ser mais consciente de si mesmo e do seu papel no ambiente no qual vive.

Se pensar logicamente no que "estar no momento" significa, quer dizer prestar atenção e se focar em cada momento da sua vida. Significa soltar o peso do passado, mesmo que seja apenas pelo tempo de duração da prática meditativa, e não ficar infeliz por se preocupar com o futuro. Este pode ser o único momento que disponha, e ser muito consciente dele e presente nele, você começará a apreciar a vida muito mais do que fazia no passado. Começa a ver coisas triviais como não importantes e será capaz de focar nas coisas mais substanciais.

A prática de meditação o ajudará a se tornar melhor em meditar. Começará a perder aquela pequena voz interior que fala fora de hora. Ao invés de pensar sobre problemas, sobre o que as pessoas falam de você, sobre dores passadas, começará a sentir o momento no qual se encontra, e este é um lugar muito valioso para estar. O ajudará a enxergar a vida em perspectiva e agarrar cada oportunidade que se apresentar.

A meditação o ajudará a se sentir mais pacífico, mais tranquilo e capaz de relaxar. Muitas pessoas no mundo de hoje nunca relaxam e esperam que suas vidas continuem suavemente enquanto não buscam sustentar aquilo que seus corpos precisam. Todos precisam de paz de espírito, ainda assim, dia após dia, estas pessoas que mais precisam dos benefícios da meditação, mas não resguardam um tempo para elas mesmas, e certamente não conseguem desligar suas mentes dos problemas do mundo. Isto é vital quando está procurando por paz e felicidade. Mesmo que esteja muito ocupado(a) em um emprego estressante, devotar um pouco de tempo às práticas de meditação o fará uma pessoa mais forte e mais resiliente com situações que causam estresse. Sua mente se tornará mais organizada. Sentirá seu espírito mais leve e feliz, e se sentirá mais confortável em seu corpo com a sua consciência daquilo que ele precisa.

www.ingramcontent.com/pod-product-compliance
Lightning Source LLC
Chambersburg PA
CBHW071905070526
44583CB00016B/1855